Inhalt

Collaborative Design - Standort- und firmenübergreifende Zusammenarbeit fördert Innovationen

Kernthesen

Beitrag

Fallbeispiele

Weiterführende Literatur

Impressum

Collaborative Design - Standort- und firmenübergreifende Zusammenarbeit fördert Innovationen

I.Zeilhofer-Ficker

Kernthesen

- Kollaboration, also die Zusammenarbeit von Teams an unterschiedlichen Standorten am Design-Prozess, erweist sich immer mehr als Wettbewerbsvorteil.
- Allerdings gibt es erst wenige Software-Werkzeuge, die das Collaborative Design optimal unterstützen.
- Fehlende Datenstandards sowie

Sicherheitsbedenken behindern den Datenfluss zwischen unterschiedlichen CAD-Programmen und Firmennetzwerken.
- Trotzdem stehen Investitionen in Collaboration Lösungen unter den Top Fünf auf den Prioritätenlisten der Unternehmen.

Beitrag

Der einsame Tüftler ist schon lange out Produktentwicklungen finden heutzutage in Teams statt, die oft über mehrere Standorte oder sogar Länder verteilt sind. Man rechnet damit, dass in zehn Jahren bereits 80 Prozent aller Wissensarbeiter in kollaborativen Teams arbeiten werden. Noch hinkt die dazu notwendige Technik den Erwartungen aber hinterher.

Kollaboration die Kultur der Vernetzung

Der Einzelkämpfer ist out Teamwork ist angesagt! Die Zusammenarbeit von Wissensarbeitern in verschiedenen Abteilungen, Standorten und über die Firmengrenzen hinweg wird immer wichtiger. Wie neueste Studien ergaben, ist die Zusammenarbeit mittlerweile zu einem wesentlichen Erfolgsfaktor für die Wirtschaftsunternehmen geworden. Die Unternehmensleiter haben die Wichtigkeit ebenfalls erkannt und Investitionen in Collaboration-Lösungen unter die Top Fünf der Prioritätenliste gesetzt. Rund sechs Milliarden Dollar wurden 2005 in Collaboration und Contentmanagementsoftware investiert und auch in diesem Jahr ist ein ähnliches Ergebnis zu erwarten. (1), (2)

Die Produktentwicklung ist in besonderem Maße von der Notwendigkeit zur Zusammenarbeit betroffen. Immer kürzere Entwicklungszyklen sind notwendig, damit ein neues Produkt noch vor dem Konkurrenzteil auf den Markt kommen kann und damit Moden und Trends erfüllt werden. Die globale Arbeitsteilung mit beispielsweise Lieferanten in Osteuropa, mit Produktionsstätten im fernen Osten und Entwicklungsteams in Nordamerika verlangen nach einer ganz neuen Form der Zusammenarbeit. Kurze Entwicklungszeiten können nur erreicht werden, wenn Lieferanten, Fertigungsplanung und Produktion von Anfang an in den Prozess mit eingebunden werden und zeitgleich an entsprechenden Lösungen arbeiten können. (4), (5)

Die datentechnische Vernetzung dieser virtuellen Teams ist unabdingbar und mit den modernen Kommunikationsmedien wie Internet, Telefon, Email und Instant Messaging bereits wesentlich vereinfacht worden. Durch virtuelle Konferenzen werden Millionen an Reisekosten eingespart und die Geschwindigkeit des Datenaustausches lässt kaum noch zu wünschen übrig. (3), (4), (5)

Barrieren

Ein effektiver und effizienter Entwicklungsprozess setzt voraus, dass alle Beteiligten Zugriff auf die aktuellen Informationen, Konstruktionspläne und Materialdetails haben. Dies stellt sich häufig als Problem heraus, da verschiedene hochkomplexe CAD-Systeme zueinander inkompatibel sind. Der Datenaustausch von einem System zum anderen ist deshalb meist mit hohen Lizenz- oder Konvertierungskosten verbunden. Außerdem muss zur Sicherung des geistigen Eigentums ein ausgefeiltes Zugriffsrechtssystem eingerichtet werden. Schließlich verhindern des Öfteren Patentrechte und daraus resultierende horrende Lizenzgebühren die Entwicklung von neuen, innovativen Produkten. (6), (7), (8)

Collaborative Design

Automobilindustrie und Flugzeugbau praktizieren schon seit längerem die partnerschaftliche, gleichzeitige Zusammenarbeit von Teammitgliedern aus den diversen Fachabteilungen und Standorten in Entwicklungs- und Designprozessen. Zulieferer sind in den Prozess eingebunden und bringen ihr Know-How ein. Es hat sich mittlerweile die Erkenntnis durchgesetzt, dass eine langfristige, vertrauensvolle Lieferpartnerschaft meist wichtiger und gewinnbringender ist, als ein Bauteil um wenige Cents billiger bei wechselnden Lieferanten einzukaufen. Als Ergebnis werden immer mehr und größere Bauteilgruppen zugeliefert, die Wertschöpfungstiefe verringert sich. Auch in der Elektronikindustrie ist die Collaboration gang und gäbe, hier wird sogar häufig der gesamte Designprozess an einen Designpartner ausgelagert. (9), (10)

Ihren Ursprung hat das Collaborative Design allerdings bei den Programmierern von Software-Lösungen, vor allem in der Open-Source-Bewegung. Hier wird ein Quellcode meist im Internet allgemein verfügbar gemacht und kann so von anderen Programmierern für die Entwicklung von weiteren Programmen verwendet werden. Bedingung dabei ist, dass dieses weiterentwickelte Programm wiederum kostenlos zur Verfügung gestellt wird. Innovationen werden dadurch wesentlich beschleunigt, eine stetige

Verbesserung der Produkte ist gewährleistet. Ähnlich ist auch die Internet-Enzyklopädie Wikipedia entstanden, die auf der Nutzung von kostenlosen Beiträgen vieler Autoren beruht. (8)

Collaborative Design hört man meist im Zusammenhang mit Software-Systemen, die die Entwicklungsarbeit von virtuellen Teams unterstützen und erleichtern. Dabei kann es sich um Programme handeln, die Konstruktionspläne und Produktdaten von verschiedenen CAD-Systemen nutzbar machen, oder die die gleichzeitige Bearbeitung der Computer-Modelle in virtuellen Konferenzen ermöglichen und die dabei erzielten Vereinbarungen dokumentieren. (11), (12), (13)

Fallbeispiele

Zur Erleichterung der Collaboration-Prozesse mit Zulieferern haben Automobilfirmen wie BMW, AUDI und weitere eine Richtlinie zur Namensgebung sowie zum Aufbau von Baugruppen und die Hinterlegung von Attributen herausgegeben. Damit soll das Arbeiten mit der CAD-Software Catia V5, die von vielen Größen des Automobilbaus eingesetzt wird, erleichtert werden. (16)

JT file format ist ein Plattform übergreifendes Collaboration Werkzeug, das beispielsweise von Ford, General Motors und Daimler Chrysler genutzt wird. Der Datenzugriff über verschiedene CAD-Systeme hinweg wird dadurch vereinfacht. (17)

OneSpace.net ermöglicht die gleichzeitige Betrachtung von Grafik-Modellen von verschiedenen Standorten aus. Über welches CAD-System ein Projekt dabei abgewickelt wird, ist unerheblich. In virtuellen Konferenzen können Änderungen besprochen und dokumentiert werden. Der Automobil-Zulieferer Woco und der Maschinenbauer Mürdter Werkzeug- und Formenbau setzen OneSpace.net regelmäßig für Design Reviews ein. Die Reisekosten konnten dadurch erheblich gesenkt werden. (11), (3)

Kompatibilität zum Kunden-CAD ist für das Design-Büro OCO-Design ein wichtiges Argument. OCO schätzt bei der von ihr eingesetzten Solidworks-Software die hohe Flexibilität und die weite Verbreitung bei ihren Kunden. (12)

CenitDesktop ist ein führender Lieferant von Collaborative Design Lösungen in Großbritannien. In Zusammenarbeit mit den Firmen Arup und Gehry

Technologies arbeitet man dort an der Umsetzung des Virtuellen Gebäudes. Die Bauplanung, Ingenieurleistungen, Projekt Management und der Bau selbst sollen alle über eine gemeinsame Software-Plattform bearbeitet und abgearbeitet werden können. (13)

Esprit plant das Quest Product Lifecycle Management System von GEAC einzusetzen, um eine weiterführende Zusammenarbeit von Designern rund um den Globus zu ermöglichen. Damit soll sicher gestellt werden, dass alle Mitarbeiter ständig in der Lage sind, auf aktuelle Stoffe, Muster und Designinformationen sowie Produktionsprozessdaten zurückzugreifen. (15)

Die Firma Solectron bietet sich als Dienstleister für Produktentwicklung und Fertigung im Elektronikbereich an. Solectron ist dabei in der Lage, je nach Kundenwunsch als Original Design Manufacturer (ODM) oder als Collaborative oder Joint Design Manufacturer (CDM/JDM) zu arbeiten. Durch ein partnerschaftliches Design-Konzept können Innovationsideen schneller verwirklicht und Kostensituation und Produktqualität verbessert werden. (10)

Weiterführende Literatur

(1) Neue Studie bestätigt positive Auswirkungen von Collaboration auf Business Performance
aus news aktuell, 2006-06-06

(2) Collaboration ganz oben auf Prioritätenliste Kommunikations-Tools sorgen für Innovation
aus Computer Zeitung, Heft 23, 2006, S. 14

(3) Collaboration Software Gemeinsam standortunabhängig arbeiten
aus Der Konstrukteur, Heft 03/2006, S. 21

(4) "Nicht automatisch auf der Erfolgsspur"
aus Scope, Heft 06, 2006

(5) An jedem Ort der Welt
aus Scope, Heft 06, 2006

(6) "COLLABORATION GATEWAY" IST DIE BRÜCKE ZWISCHEN CAD-SYSTEMEN Mit Köpfchen konstruieren
aus IT Business, Heft 21/2006, S. 20

(7) Java-basierte Produktdatenmanagement-Systeme bringen Freiraum bei global verteilten Entwicklerteams – Netzwerkoptimierung ist unerlässlich Client-Server-Strukturen haben ausgedient
aus Computer Zeitung, Heft 17, 2006, S. 18

(8) Von Wartburg, Iwan / Teichert, Thorsten, Wissen teilen für mehr Wachstum, Harvard Businessmanager, 21.02.2006, Nr. 3, S. 38

aus Computer Zeitung, Heft 17, 2006, S. 18

(9) Gemeinsam zu alter Stärke
aus Automobil Industrie Nr. 01-02 vom 03.02.2006
Seite 044

(10) Optimierung durch Synergien zwischen Produktentwicklung und Fertigungsdienstleister Collaborative Design
aus EPP Elektronik Produktion & Prüftechnik, Heft 6, 2006, S. 32

(11) Weniger Änderungsschleifen
aus Automobil Produktion, Heft 1/2006, S. 56-57

(12) Vom Design zur Serienreife Konstruktion und Design rücken näher zusammen
aus Der Konstrukteur, Heft 04/2006, S. 68

(13) Arup, Gehry Technologies And Cenitdesktop Deliver Virtual Building Solution.
aus Mondaq Business Briefing (MONDBUSB) (2006) page NA

(14) O. V., Umwälzungen wie in der industriellen Revolution, Computerwoche, 02.06.2006, Nr. 22, S. 44
aus Mondaq Business Briefing (MONDBUSB) (2006) page NA

(15) Esprit Fuels Growth Plans With Geac
aus news aktuell, 2005-12-01

(16) Cenit-Fachforum in Sinsheim Der Stand der

Dinge
aus CAD-CAM, Heft 3-4/2006, S. 31-34

(17) O. V., Success of JT open grows, Gale Business and Management Practices, Industry Week, United States, 255 (2006) 2, S. 18
aus CAD-CAM, Heft 3-4/2006, S. 31-34

Impressum

Collaborative Design - Standort- und firmenübergreifende Zusammenarbeit fördert Innovationen

Bibliografische Information der deutschen Nationalbibliothek

Die Deutsche Nationalbibliothek verzeichnet diese Publikation in der deutschen Nationalbibliografie; detaillierte bibliografische Daten sind im Internet über http://dnb.d-nb.de abrufbar.

ISBN: 978-3-7379-1060-6

© 2015 GBI-Genios Deutsche Wirtschaftsdatenbank GmbH, Freischützstraße 96, 81927 München, www.genios.de

Alle Rechte vorbehalten. Dieses Werk ist einschließlich aller seiner Teile – z.B. Texte, Tabellen und Grafiken - urheberrechtlich geschützt. Jede Verwertung außerhalb der Grenzen des Urheberrechtsgesetzes bedarf der vorherigen Zustimmung des Verlags. Dies gilt insbesondere auch für auszugsweise Nachdrucke, fotomechanische Vervielfältigungen (Fotokopie/Mikroskopie), Übersetzungen, Auswertungen durch Datenbanken oder ähnliche Einrichtungen und die Einspeicherung und Verarbeitung in elektronischen Systemen.